AF526190

BB
DIESES BUCH GEHÖRT:

Bibliografische Information der Deutschen Nationalbibliothek:
Die Deutsche Nationalbibliothek verzeichnet diese Publikation in der Deutschen Nationalbibliografie; detaillierte bibliografische Daten sind im Internet über http://dnb.d-nb.de abrufbar.

1. Auflage	Oktober 2022
© 2022	edition riedenburg
Verlagsanschrift	Adolf-Bekk-Straße 13, 5020 Salzburg, Österreich
Internet	www.editionriedenburg.at
E-Mail	verlag@editionriedenburg.at
Lektorat	Dr. Caroline Oblasser
Illustrationen	© Anika Slawinski
Portraits	Heike Wolter © privat; Julia Christof © Studioline Regensburg; Anika Slawinski: © Yolanda vom Hagen
Satz und Layout	edition riedenburg
Herstellung	Books on Demand GmbH

ISBN 978-3-99082-109-1

Heike Wolter • Julia Christof

Illustrationen: Anika Slawinski

Die erste Autofahrerin

FÜR KLEINE LEUTE
MIT GROSSEN IDEEN.

KAISERLICHES PATENTAMT.
PATENTSCHRIFT
Urkunde

Inhalt

Leider wieder nur ein Mädchen?

Als Bertha Ringer am 3. Mai 1849 geboren wird, ist das für ihre Eltern ein aufregender Tag. Ihr Vater erwartet sehnsüchtig das dritte Kind der Familie. Er hofft auf einen Stammhalter, also einen Jungen. Zwei Töchter hat er schon.

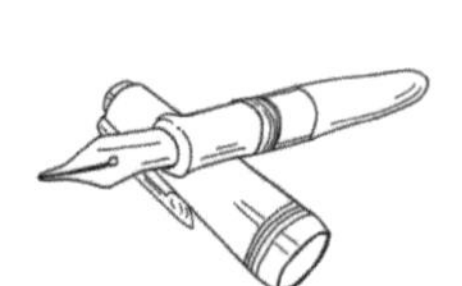

Viel später entdeckt Bertha, was ihr Vater zu ihrer Geburt in die Familien-Bibel geschrieben hat: „Leider wieder nur ein Mädchen." Bertha ist traurig. Aber auch wütend. Das ist ungerecht. Ist sie als Mädchen denn nichts wert?

Bertha bleibt dieser Satz für immer in Erinnerung. Zum Glück lebt sie ihr Leben trotzdem voll Stolz als starke Frau.

STAMMHALTER: So wird ein Sohn auch genannt. Früher durften nur Männer etwas erben oder besitzen – ein Sohn führte den „Stamm", also den Familiennamen, weiter. Viele Eltern wünschten sich deshalb lieber einen Jungen.

FORSCHUNGSAUFGABE

Frage einen Vater, der eine Tochter hat, warum das besonders schön ist.

Englisch und Rechnen, Schönschreiben und Anstand

Als Bertha neun Jahre alt ist, schickt ihr Vater sie auf eine Schule. Die heißt „Höhere Töchterschule". Dort sollen Mädchen lernen, wie sie eine gute Ehefrau werden. Bertha fällt den anderen auf der Schule schnell auf: Sie ist aufgeweckt, unabhängig und nie um ein Wort verlegen.

Klug sollen höhere Töchter sein, aber nicht zu klug. Und ihren späteren Ehemann nicht blamieren. Deshalb müssen die Mädchen damals nicht nur Sprachen, Rechnen und Naturlehre lernen, sondern auch schönschreiben und singen können. Ein Unterrichtsfach heißt sogar „Anstand". Da lernen die Mädchen, wie man sich gut benimmt.

Bonjour

27 + 31 =

HÖHERE TÖCHTER: Das waren Mädchen aus Familien, die nicht arm waren. Sie sollten einem Mann mit Geld gefallen und ihn später einmal heiraten.

FORSCHUNGSAUFGABE

Was würde man heute in einem Fach mit dem Namen „Anstand" lernen? Nenne drei wichtige Regeln, wie man sich benehmen soll.

Eine wichtige Begegnung

Am 27. Juni 1869 ist Bertha mit ihrer Mutter auf einem Ausflug. Mit mehreren Pferdekutschen geht es aus der Stadt raus in die Natur. In Berthas Kutsche nimmt ein ganz besonderer Mann Platz: Carl Benz.

Bertha und Carl verlieben sich auf den ersten Blick ineinander. Obwohl Carl sonst nur Augen für die Arbeit und seine vielen Erfindungen hat.

Während sie fahren, schwärmt Carl von einer Eisenbahn ohne Schienen und von einer Kutsche ohne Pferde. Er sagt: „So ist man unabhängig."

Das gefällt Bertha. Sie hat schon immer davon geträumt, das zu machen, was sie will.

VERKEHRSMITTEL: Als Bertha und Carl lebten, gingen die Menschen zu Fuß, fuhren mit der Pferdekutsche oder benutzten – ganz modern – die Eisenbahn. Autos gab es noch nicht.

„Ich möchte weder zu früh noch zu spät sein."

FORSCHUNGSAUFGABE

Von welchem Verkehrsmittel, das es heute noch nicht gibt, träumst du? Auf Seite 59 hast du auch die Möglichkeit, es zu zeichnen.

Ein lebenslanger Traum

Bertha ist von Carls Idee beeindruckt: ein selbstfahrendes Fortbewegungsmittel!

Eines Nachts hat sie einen Traum: Sie sieht sich in einem blumenbestickten Sommerkleid. Carl, der einen Anzug trägt, hilft ihr auf einen wunderschönen grünen Wagen. Ein Wagen ohne Pferde. Carl setzt sich neben sie und sagt: „Fahr los!"

Selbst im Traum verwundert sie das alles. So ein Gefährt gibt es doch noch gar nicht ...

Gleich am nächsten Morgen schreibt Bertha an Carl: „Du hast den Funken der Begeisterung für deine Maschinenwelt in mir entzündet. Der Wagen ist ab jetzt unsere gemeinsame Aufgabe."

MASCHINENWELT: Ein anderes Wort dafür ist „Technik". Carl Benz stellte sich darunter Dinge vor, die eigene Fähigkeiten der Menschen ergänzen. Wie zum Beispiel ein Auto, das den Menschen schneller macht.

„Mein Traum ist länger als die Nacht.“

FORSCHUNGSAUFGABE

Welchen Wunschtraum hast du, der dich schon länger begleitet? Was möchtest du einmal erfinden, können oder machen?

Ein schwieriger Anfang

In den nächsten Jahren suchen Bertha und Carl ein Zuhause. Erst wollen sie nach Wien gehen, denn dort ist die nächste Weltausstellung. Bertha ist begeistert. Doch dann wird nichts aus ihren Plänen.

Sie entscheiden sich für Mannheim. Carl arbeitet viel, aber ein schlechter Geschäftspartner sorgt für Kummer. Bertha spricht ein Machtwort: Sie wirft diesen Mann hinaus. Und rettet damit ihren Carl, der fast kein Geld mehr hat. Bertha lässt sich ihr Erbe auszahlen und bezahlt Carls Schulden. So kann er seine Werkstatt behalten.

Nun sind die beiden schon durch viele gute und schlechte Tage gegangen. Sie wissen: Wir halten zusammen. Im Juli 1872 heiraten sie. Aus Bertha Ringer wird Bertha Benz.

WELTAUSSTELLUNG: Dabei zeigen viele Länder, was sie Tolles können oder erfunden haben.

ERBE: Das sind Geld und andere wertvolle Dinge (Haus, Schmuck, Auto), die Ehefrau, Ehemann oder Kinder normalerweise erst nach dem Tod eines Menschen bekommen.

FORSCHUNGSAUFGABE

Finde heraus, welches berühmte Gebäude in Paris extra für eine Weltausstellung gebaut wurde.

Lauter tolle Dinge

Als Bertha und Carl einander versprechen, in guten und in schlechten Tagen füreinander da zu sein, wissen sie noch nicht, dass es viele schlechte geben wird.

Carl erfindet tolle Dinge: Eine Maschine, die Schuhe macht (siehe Seite 61), ein Gerät, das Tabak verarbeitet, und einen Fernsprechapparat. Alle wollen sich das ansehen, aber niemand will Carls Erfindungen kaufen. Auch weil Carl allen erzählt, was an den Maschinen noch besser funktionieren könnte.

Bald sind sie zu dritt. Ihr erstes gemeinsames Kind ist ein Junge. Er heißt Eugen. Ihm folgen noch Richard, Clara, Tilde und Ellen. Nachmittags nimmt Bertha den Kinderwagen und verteilt in der Stadt die Visitenkarten ihres Mannes. Doch nichts hilft.

VISITENKARTEN: Darauf steht, was man kann. Außerdem noch die Adresse und – heute – Telefonnummer und E-Mail-Adresse. Aber die gab es damals noch nicht.

„Die Arbeit an der Werkbank ist aufregender als die am Herd.“

FORSCHUNGSAUFGABE

Stell dir vor, du hättest eine Visitenkarte. Was könnte dort als deine besondere Fähigkeit draufstehen?

Aufgeben gibt's nicht!

Abends, wenn die Kinder schlafen, geht Bertha in die Werkstatt. Oft steht ihr Mann mit hängenden Schultern dort. Er weiß: Sie brauchen Geld zum Leben. Doch Bertha meint: „Am Anfang keinen Erfolg zu haben, berechtigt nicht zum Aufgeben." Immer wieder ermuntert sie Carl, an sich und seine Träume zu glauben. „Vor allem den selbstfahrenden Wagen darfst du nicht vergessen", sagt sie.

Carl macht dabei viele Versuche. Am kompliziertesten ist der Motor. Immer wieder geht er nach ein paar Takten aus. Berthas Mann ist verzweifelt.

Doch dann, am Silvesterabend 1879, hat Bertha ein gutes Gefühl: „Heute muss es klappen!" Sie gehen beide in die Werkstatt. Carl startet den Motor, und siehe da: Er tuckert ganz gleichmäßig! Endlich kann Carl den Wagen bauen.

MOTOR: Das ist ein Beweger.
In diesem Teil von Geräten wird Energie in Bewegung umgewandelt.

„Es wird klappen, eines Tages wird es klappen!“

FORSCHUNGSAUFGABE

Wann warst du schon einmal ganz davon überzeugt, dass etwas irgendwann klappen wird, und dann hat es tatsächlich funktioniert?

Keine Chance auf ein Patent?

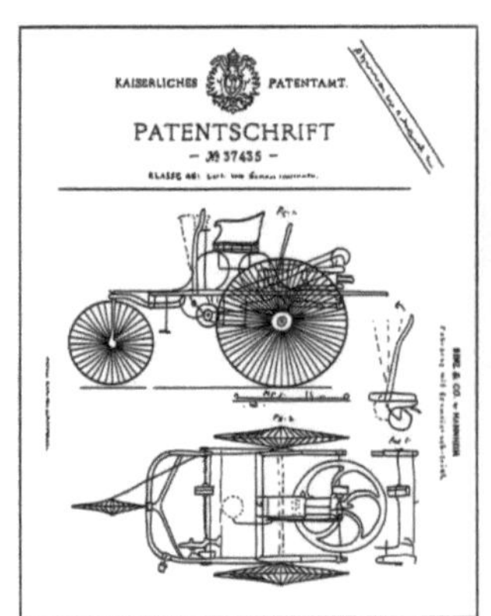

Carl will ein Patent auf seinen Motor anmelden. Doch die Menschen im Patentamt verstehen nicht, was daran so neu ist. Carl ist enttäuscht. Da hat Bertha eine grandiose Idee: Wenn man nicht den ganzen Motor patentieren kann, dann geht es vielleicht trotzdem mit den einzelnen Teilen.

Auch einen Geldgeber finden Bertha und Carl. Bertha hat dabei zwar kein gutes Gefühl, aber sie brauchen einen Unterstützer. Mit der Hilfe von Ernst Bühler gründet Carl die Mannheimer Gasmotorenfabrik.

Schon bald gibt es Probleme. Carl muss eine neue Fabrik gründen, wo er mehr mitreden darf. Bertha verhandelt hart: Sie wollen nicht nur Motoren bauen, sondern den pferdelosen Wagen. Das ist ihr beider Lebenstraum.

PATENT: Damit kann man eine Idee oder ein Produkt schützen. Niemand anderes darf es dann ohne Genehmigung auch so nennen, machen oder bauen.

PATENTIEREN: Das bedeutet, diesen Schutz in ein Verzeichnis eintragen zu lassen, damit alle davon wissen.

FORSCHUNGSAUFGABE

Erfinde etwas, das du gern patentieren lassen willst. Tipp: Deine Erfindung darf es noch nicht geben.

Die Gasmotorenfabrik

1883 wird die rheinische Gasmotorenfabrik „Benz und Cie." gegründet. Bertha, Carl und ihre Kinder bekommen ein Wohnhaus auf dem Werksgelände. Vorbei sind die finanziellen Sorgen. Und die beiden haben endlich wieder Zeit, über den pferdelosen Wagen nachzudenken.

Die anderen Fabrikanten glauben nicht an den Erfolg: Man kann zu Fuß gehen oder eine Kutsche nehmen. Wenn es schneller gehen muss, fährt man mit der Eisenbahn. Wer braucht schon so ein komisches Metall-Gefährt auf Rädern?

Egal, was die anderen denken: Bertha und Carl träumen weiter. Tag und Nacht baut Carl am Wagen.

CIE.: Das ist eine alte Abkürzung für „Compagnie", also „Firma".

GASMOTOREN: Das waren damals fest verbaute, sehr große Motoren, die mit Gas angetrieben wurden. Unser heutiges Benzin, Diesel oder Strom gab es damals noch nicht.

FORSCHUNGSAUFGABE

Überlege, wann dir schon einmal etwas so wichtig war, dass es dir egal war, was die anderen darüber denken.

Eine explosive Idee

In der Zeitung liest Bertha von einem schrecklichen Wohnungsbrand:

Eine Hausfrau hatte mit Waschbenzin die dreckigen Handschuhe ihres Mannes gewaschen. Ein paar

Meter daneben kochte das Essen der Frau auf dem Herd. Das Reinigungsmittel war so explosiv, dass es sich trotz des Abstandes zum Herd entzündete und den großen Brand auslöste.

Schlimm für die Frau, gut für die Erfindung, denn Bertha versteht sofort: Das ist die Lösung! Waschbenzin brennt toll. Es wird das Futter für Carls Motor sein. Und noch besser: Man kann Waschbenzin in jeder Apotheke kaufen.

Tankstellen gibt es ja noch nicht. Sie müssen erst noch erfunden werden.

WASCHBENZIN: Das ist so etwas Ähnliches wie Benzin. Früher wurde es als Fleckenmittel benutzt.

EXPLOSIV: Das bedeutet, dass sich etwas leicht entzünden kann.

BB
„Heureka!"
Mannheimer Anzeiger
FORSCHUNGSAUFGABE
Berthas entscheidende Idee nennt man „Heureka-Moment", nach einer lustigen Geschichte über Archimedes (Seite 55). Was heißt „Heureka" auf Deutsch?

Bertha macht mobil

Am 3. Mai 1885 ist Berthas Geburtstag. Carl macht ihr ein besonderes Geschenk: Er hat den eleganten dreirädrigen Motorwagen poliert und fahrbereit gemacht.

Sie schieben ihn in den Hof. Carl dreht das Schwungrad, um ihn zu starten. Bertha sitzt auf dem Fahrersitz und löst den langen Bremshebel. Dann fährt sie los, genau 20 Meter weit. Bis zum Gartenzaun. Für einen zweiten Versuch müssen sie den Wagen zurückschieben. Einen automatischen Rückwärtsgang gibt es schließlich noch nicht.

Bertha hat als erste Frau auf der ganzen Welt einen pferdelosen Wagen in Bewegung gesetzt. Carl ist überzeugt: „Jetzt klappt es mit dem Patent!" 1886 wird das erste Auto in Deutschland patentiert: der Benz Patent-Motorwagen Nummer 1. Aber: Eine Erfindung reicht für den Erfolg nicht aus. Die Menschen müssen den Wagen auch benutzen.

AUTO: Es ist zwar jetzt erfunden, aber es heißt noch nicht so. Erst einige Jahre später setzt sich der Name durch. 1909 gibt es ein dickes Buch mit dem Namen „Das Automobil".

FORSCHUNGSAUFGABE

Lass dir von jemandem erklären, wie man heute in einem Auto bremst.

Extrablatt, Extrablatt

Bertha ist energisch. Sie drängt Carl dazu, Versuchsfahrten zu machen. Aber das ist eine gefährliche Sache: Die Menschen kennen ja noch keine Autos! Wenn den beiden Pferdekutschen entgegenkommen, scheuen die Pferde und bäumen sich auf. Manchmal hoppelt der Wagen auch wie ein Hase oder springt wie ein störrischer Esel.

Schon bald schreitet die Polizei ein. Sie verbietet ihnen, das Auto auf der Straße zu benutzen. Bertha schäumt vor Wut: Die Leute bemerken einfach nicht, welchen Fortschritt der Wagen bedeutet. Sie ärgert sich. Bertha schreibt an die Badische Landeszeitung: „Es ist schon manches, was unglaublich schien, Tatsache geworden." Das soll der Mann in der Zeitung schreiben. Denn Bertha will eine richtige Fahrerlaubnis für den Wagen erhalten.

FAHRERLAUBNIS: Die gibt es für Menschen und Autos. Menschen müssen beweisen, dass sie ein Auto bedienen können. Autos müssen beweisen, dass sie sicher fahren.

FORSCHUNGSAUFGABE

Überlege, wofür man noch eine Erlaubnis braucht. Meistens gibt es für solche Tätigkeiten ein Zeugnis oder einen Ausweis.

Lösung: z.B. Bibliotheksausweis, Personalausweis, Schulzeugnis

Fahren oder bleiben lassen?

An einem schönen Sommerabend fasst Bertha heimlich einen mutigen Entschluss: Sie will eine Fahrt von Mannheim nach Pforzheim unternehmen. 106 Kilometer lang, fünf Mal so weit, wie sie bisher gefahren sind. Dass es keine Fahrerlaubnis für das Auto gibt – egal. Bertha möchte ihre Familie sehen, denn sie wird bald Patentante. Also nimmt sie ihre Söhne Eugen und Richard mit und ist sich sicher: „Das wird die Menschen begeistern."

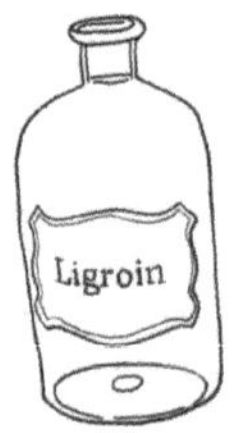

Im Morgengrauen geht es los. Bald brauchen sie neuen Kraftstoff. Bertha eilt in die Wieslocher Apotheke und kauft alles Ligroin auf. Der Apotheker wundert sich. Er läuft der ölverschmierten Bertha hinterher. Sie füllt derweil Kühlwasser nach.

Auf dem Marktplatz ist fast die ganze Stadt versammelt: Alle drängen sich neugierig an der alten Linde, um das neumodische Gefährt zu sehen. Niemand fürchtet sich davor. Bertha ist froh.

LIGROIN: Ein Fleckenmittel, sogenanntes „Waschbenzin", das man auch als Benzin fürs Auto benutzen konnte.

FORSCHUNGSAUFGABE

Frage deine Eltern, was von eurem Wohnort etwa 100 Kilometer entfernt ist. Wie lange braucht ihr mit dem Auto dorthin?

Schnelle Problemlösungen

Alle paar Ortschaften machen sie eine unfreiwillige Pause. Einmal wird die Kette zu heiß und dehnt sich aus: Ein Kettenglied muss entfernt werden, dann geht es weiter. Schon bald fahren die drei einen Berg hinunter. Die Bremsen quietschen und rumpeln. So geht das nicht! Bertha lässt bei einem Schuster die abgeschliffenen Bremsklötze mit Leder beschlagen.

Ein anderes Mal bleibt der Wagen liegen. Die Jungen entdecken ein verstopftes Ventil. Richard will es mit dem Taschenmesser säubern, doch das Ventil ist viel zu klein. Durchpusten geht auch nicht. Da hat Bertha die rettende Idee: Sie nimmt ihre lange Hutnadel und sticht das Ventil sauber. Es wäre doch gelacht, wenn so ein kleines Ding ihre Reise beendet!

Schon kurze Zeit später ist wieder Köpfchen gefragt: Ein Kabel hat sich durchgescheuert, das die Zündung unterbricht. Bertha trennt sich von ihrem Strumpfband und benutzt es als Isolierung.

IDEEN: Jene Ideen, bei denen man mit Alltagsdingen etwas repariert oder verbessert, werden heute auch „Life Hacks" genannt. Z.B. Haare waschen mit Schwimmbrille, damit kein Schaum in die Augen kommt.

„Alles ist möglich."

FORSCHUNGSAUFGABE

Kennst du einen „Life Hack", der dein Leben einfacher macht?

Frau am Steuer

In Bruchsal machen sie zwischendurch eine richtige Pause. Doch noch ist es ein langer Weg bis Pforzheim. Die Sonne geht schon bald unter. Wenn sie noch ankommen wollen, müssen sie jetzt weiterfahren. Die Menschen am Straßenrand haben Angst vor dem unbekannten Ding. Sie rufen: „Der Teufel, der Teufel!"

Doch die Fahrt gelingt. Gemeinsam schieben sie das Automobil den letzten großen Berg hinauf. Sie sind müde und dreckig, aber glücklich. Im „Hotel zur Post" übernachten sie. Dort sammeln sich auch die Postkutschen und andere Pferdewagen. An Carl sendet Bertha ein Telegramm.

Die Fahrt bleibt fast unentdeckt. Aber in einem kleinen Ort an der Strecke, in Weingarten, erscheint ein kurzer Bericht über das merkwürdige Gefährt.

Telegraphie des Deutschen Reiches

Herzlichen Gruss

Ausgefertigt

Telegramm aus Pforzheim

Pforzheim,
glücklich angekommen.
Bertha

TELEGRAMM: Damit konnten Nachrichten schnell verschickt werden. Die Information wurde über ein Telegrafiegerät mit Morsealphabet übertragen, am Bestimmungsort ausgedruckt und ausgeliefert.

FORSCHUNGSAUFGABE

Suche im Lexikon oder im Internet das Morsealphabet und morse deinen Namen. Tipp: So sieht „Bertha“ gemorst aus:

-... . .-. - .... .-

Die allererste Autofahrerin

Nach diesem Ereignis mit Bertha als allererster Autofahrerin der Welt wird der Carl Benz Patent-Motorwagen erfolgreich. Carl erfindet noch weitere Modelle und Bertha ist auch hier eine wichtige Beraterin. Sie ist es zum Beispiel, die Carl um einen Rückwärtsgang bittet.

Sie ziehen nach Ladenburg und Bertha und Carl erleben, wie sich die Welt um sie herum verändert: In Amerika produziert man am Fließband, die Titanic ist das größte Schiff der Welt (und geht unter) – und der Erste Weltkrieg beginnt. Auch wenn die beiden durch ihre Erfindungen nun sehr viel Geld haben, ist nichts sicher. Der Krieg und die Krise danach sind nicht einfach. Als Bertha 69 Jahre alt ist, verteilen Carl und sie einen Teil ihres Vermögens an ihre Kinder.

FLIEßBAND: Dort wird an jeder Station nur eine bestimmte Aufgabe erledigt, bis zum Beispiel ein ganzes Auto fertig gebaut ist.

VERMÖGEN: Das ist alles, was ein Mensch besitzt.

„Immerzu verändert sich die Welt."

FORSCHUNGSAUFGABE

Stell dir vor, du baust mit anderen Kindern zusammen Lego. Denke dir fünf Fließband-Stationen aus, so dass am Ende ein funktionierendes Auto entsteht.

Ein großer Fehler!

Carl Benz stirbt 1929 an einer schweren Krankheit. Bertha ist sehr traurig. Ihr Mann bekommt ein Grabmal auf dem Friedhof von Ladenburg. Bertha hingegen hat noch viele Jahre vor sich.

Schon bald verändert sich alles in Deutschland. Adolf Hitler kommt an die Macht, der zusammen mit seinen Unterstützern Schlimmes vorhat. Das merkt Bertha, die alte Großmutter, nicht. Sie findet Hitlers Ideen nicht schlecht. Er erscheint ihr wie ein zupackender Mensch. Deshalb unterschreibt sie einen Wahlaufruf für Hitler und sagt: „Den sollt ihr wählen." Das ist ein großer Fehler.

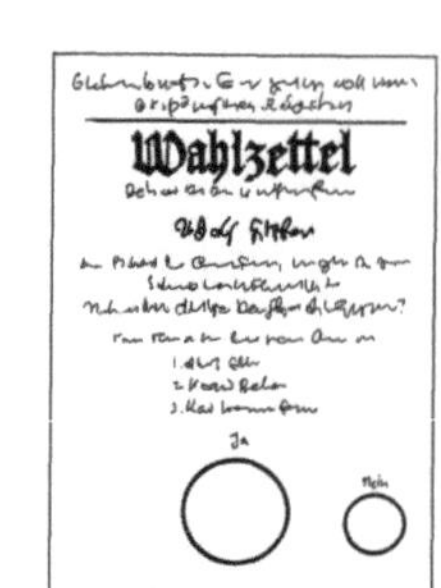

Denn die Nazis töten Millionen Menschen und beginnen einen Krieg: den Zweiten Weltkrieg. Bertha denkt: Hitler wollte Deutschland wichtig machen. Nun schadet er dem Land.

ADOLF HITLER: Er war der Anführer der Nazis.

NAZIS: Sie regierten zwölf Jahre in Deutschland und führten Krieg gegen viele Menschen. Ihre Unterstützer hofften, dass sie von den Nazis Vorteile haben.

FORSCHUNGSAUFGABE

Forsche mit einem (Internet-)Kinderlexikon zum Thema „Nationalsozialismus“. Lass dir dabei von einem Erwachsenen helfen.

Bertha wird geehrt

In den nächsten Jahren zieht sich Bertha immer mehr aus der Öffentlichkeit zurück. Sie bleibt zu Hause. Dass Hitler und seine Helfer Mörder sind, wird ihr in dieser Zeit klar. Als der Krieg beginnt, sagt sie: „Das finde ich nicht gut." Sie denkt an die Mütter aller Länder und ihr Leid im Krieg. Außerdem ist sie sich sicher: Krieg hätte Carl nie gewollt. Und einen Krieg, in dem sein Motorwagen eingesetzt wird, ganz sicher auch nicht.

Zu ihrem 95. Geburtstag am 3. Mai 1944 erhält Bertha die Ehrensenatorinnen-Würde der Hochschule Karlsruhe. Die Hochschule verkündet: Bertha hat große Leistungen als Mitstreiterin ihres Mannes auf dem Gebiet des Maschinenbaus vollbracht. Sie ist die Frau, die an der Entstehung des ersten Motorwagens mitgewirkt hat. Sie hat ihn als erste Frau benutzt und damit auch ihrem Mann zu Weltruhm verholfen.

95

EHRENSENATORIN: Das bedeutet, dass Bertha eine Auszeichnung bekommt und ein Mitglied der Hochschule wird, obwohl sie selbst gar keine Wissenschaftlerin ist.

„An so was hätte mein Mann nie gedacht.“

FORSCHUNGSAUFGABE

Bertha war als bekannte Persönlichkeit auch Ehrenbürgerin von Ladenburg. Finde heraus, wer eine Ehrenbürgerschaft in deinem Heimatort besitzt.

Frieden – ein großer Wunsch

Bertha ist 95 Jahre alt. Zu ihrem Geburtstag hat sie einen großen Wunsch: Der Krieg soll zu Ende sein. Das erlebt Bertha nicht mehr. Sie stirbt nur zwei Tage nach ihrem Geburtstag, am 5. Mai 1944, in Ladenburg.

Die Urkunde für ihre Ehrensenatorinnen-Ernennung kommt erst nach ihrem Tod mit der Post.

Bertha wird auf dem Friedhof neben Carl begraben. Das Grab ist ein Halbkreis aus Steinsäulen. Doch nur für Carl gibt es dort ein Bild. Dass Bertha eine starke Frau ist, ohne die Carl die Menschen vielleicht nie von seinem Motorwagen überzeugt hätte, merkt man gar nicht.

Bis Berthas größter Wunsch nach Frieden in Erfüllung geht, dauert es noch ein ganzes Jahr. Der Zweite Weltkrieg endet am 8. Mai 1945.

FRIEDEN: Das bedeutet, dass kein Krieg ist. Zwischen Staaten soll Frieden herrschen, aber auch zwischen einzelnen Menschen. Sie sind dann gut zueinander und bekämpfen sich nicht.

„Für tatkräftige Unterstützung“

FORSCHUNGSAUFGABE

Finde drei Gründe, warum Frieden sehr wichtig ist.

Lösung: Zum Beispiel, weil die Menschen gut zueinander sind, weil dann keine Bomben fallen und weil es ruhig ist.

Einmal Bertha sein

Es ist schwierig, auf Berthas Spuren zu fahren. Man kennt ihre Route von Mannheim nach Pforzheim nämlich gar nicht genau. Straßen gab es ja noch nicht, höchstens ausgebaute Wege für die schnellen Postkutschen.

Bertha musste jedenfalls regelmäßig Kühlwasser nachfüllen, um den heißen Motor abzukühlen. Sie dürfte also häufig an Bächen und Flüssen entlanggefahren sein. Außerdem brauchte sie für das Ligroin größere Orte mit einer Apotheke.

Bis heute sind jedenfalls all jene Orte überliefert, die Bertha erwähnt hat oder in denen sich fremde Menschen an die allererste Autofahrt erinnerten. Begib dich einfach selbst auf Reisen! Bestimmt kennst du das Sprichwort: Viele Wege führen nach Rom (und auch nach Pforzheim).

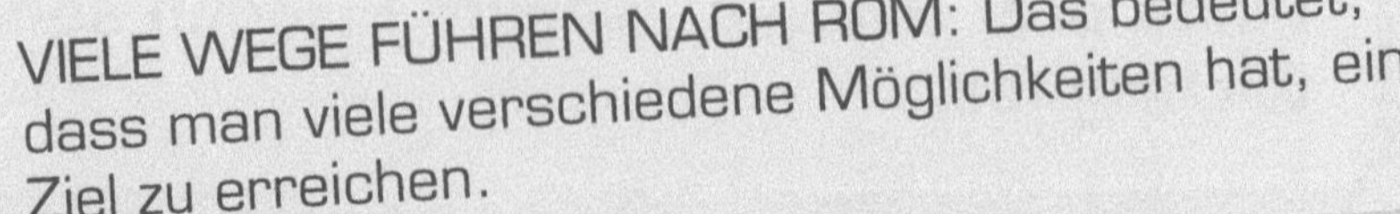

VIELE WEGE FÜHREN NACH ROM: Das bedeutet, dass man viele verschiedene Möglichkeiten hat, ein Ziel zu erreichen.

START
MANNHEIM
LADENBURG
ILVESHEIM
SCHRIESHEIM
DOSSENHEIM
NECKAR
HEIDELBERG
LEIMEN
WIESLOCH
BAD SCHÖNBORN
UBSTADT-WEIHER
BRUCHSAL
Rhein
WEINGARTEN
KARLSRUHE
GONDELSHEIM
PFINZTAL
PFORZHEIM

Hättest du's gewusst?

Seit 1988 findet alle zwei Jahre die Bertha-Benz-Fahrt statt. Dabei treffen sich 130 Fahrzeuge, die es schon vor dem Ersten und Zweiten Weltkrieg gab, und fahren die Strecke der ersten Fernfahrt der Welt von Mannheim bis nach Pforzheim nach.

Am Berliner Hauptbahnhof ist eine Straße nach Bertha Benz benannt. Zunächst hat man ihren Namen leider falsch geschrieben (Berta), dies wurde aber bald korrigiert.

In Ladenburg gibt es ein Museum, das nach Berthas Mann Carl Benz benannt ist. Dort kann man viel über Autos erfahren.

Bertha, wie sie von allen genannt wurde, war der zweite Vorname. Der erste war Cäcilie.

Einige Schulen tragen heute den Namen von Bertha Benz und erinnern an ihre Leistungen.

In der Serie „Die Sternstunden der Deutschen“ wurde auch ein Film über Bertha und Carl Benz gezeigt. Denn ihre Erfindung zählte für die Filmemacher*innen zu den wichtigsten 20 Ereignissen in der deutschen Geschichte.

Das Restaurant im Mercedes-Benz-Museum in Stuttgart heißt „Bertha's“.

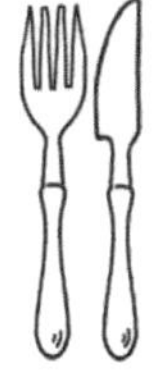

Der Stuttgarter „bertha's place“ ist ein Raum für „inspirierende Begegnungen“ und versteht sich auch als Erinnerung an Bertha Benz.

Der Bertha-Benz-Preis wird für eine herausragende Doktorarbeit einer Ingenieurin verliehen.

In der Bertha-Benz-Vorlesung spricht einmal im Jahr eine Frau über ein wichtiges Thema. In den letzten Jahren ging es um Gewalt, um das Weltkulturerbe und um schöne Architektur.

Bertha hatte fünf Kinder: Eugen, Richard, Klara, Tilde und Ellen.

 Berthas Urenkelin Jutta Benz ist die Markenbotschafterin von Mercedes-Benz.

 Mercedes-Benz ehrt Bertha auf der Firmen-Website mit den Worten: „Eine Frau bewegt die Welt.“

 2016 wurde Bertha in die Automotive Hall of Fame in Dearborn, Michigan aufgenommen.

 Im Mai 2011 wurde Carls Automobil-Patent offiziell in das UNESCO Weltkulturerbe aufgenommen.

 2013 ließ Mercedes-Benz das Forschungsfahrzeug S 500 INTELLIGENT DRIVE autonom – also ohne menschliches Zutun – jene Route abfahren, die Bertha Benz bei ihrer ersten Autofahrt genommen hatte.

Mach es zu deinem Buch!

Schreibe in den Kreis eigene Gedanken über Bertha.

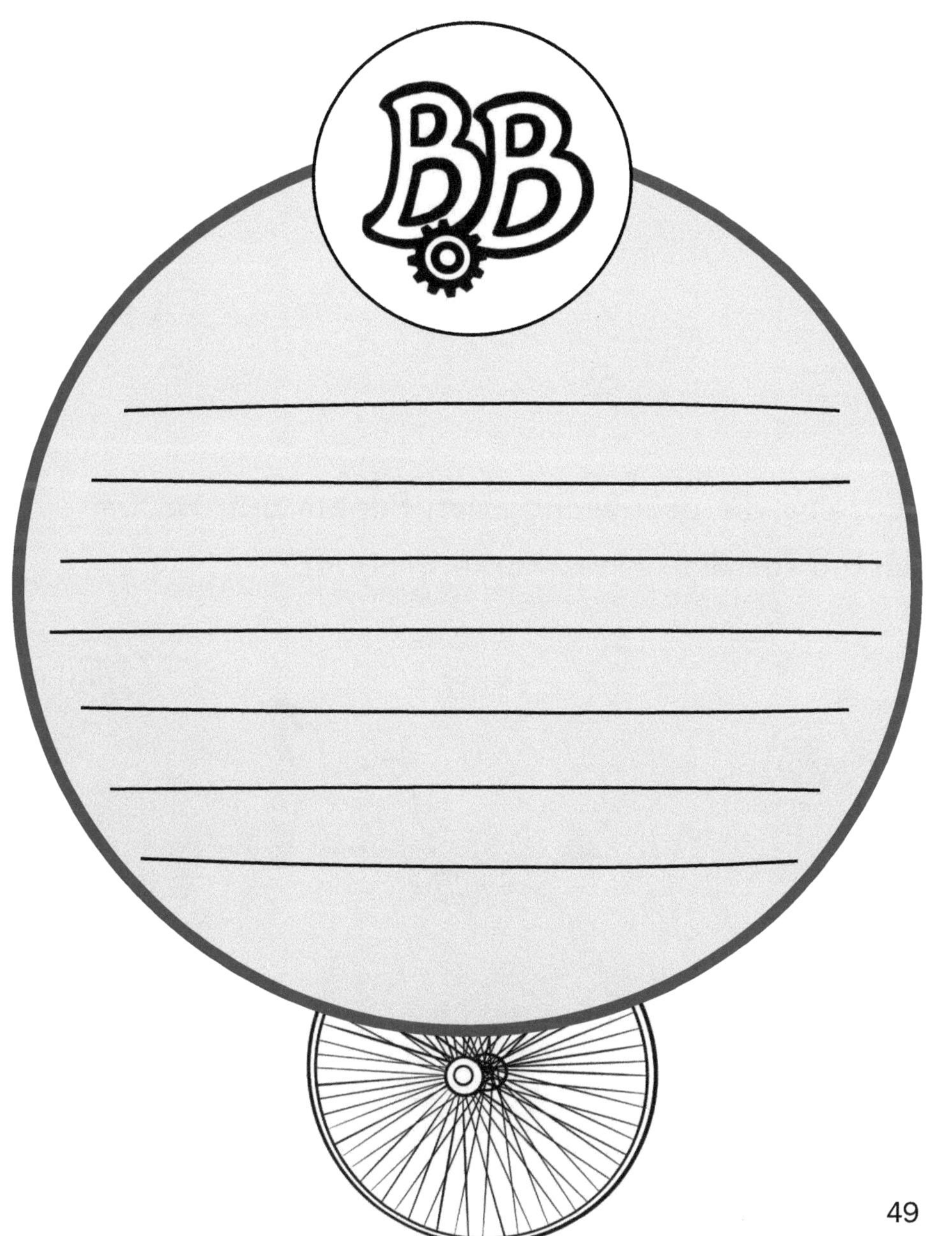

Erkläre ein Wort aus dem Buch, das du noch nicht kanntest.

Schreibe die drei wichtigsten Punkte auf, warum Bertha für dich eine starke Frau ist.

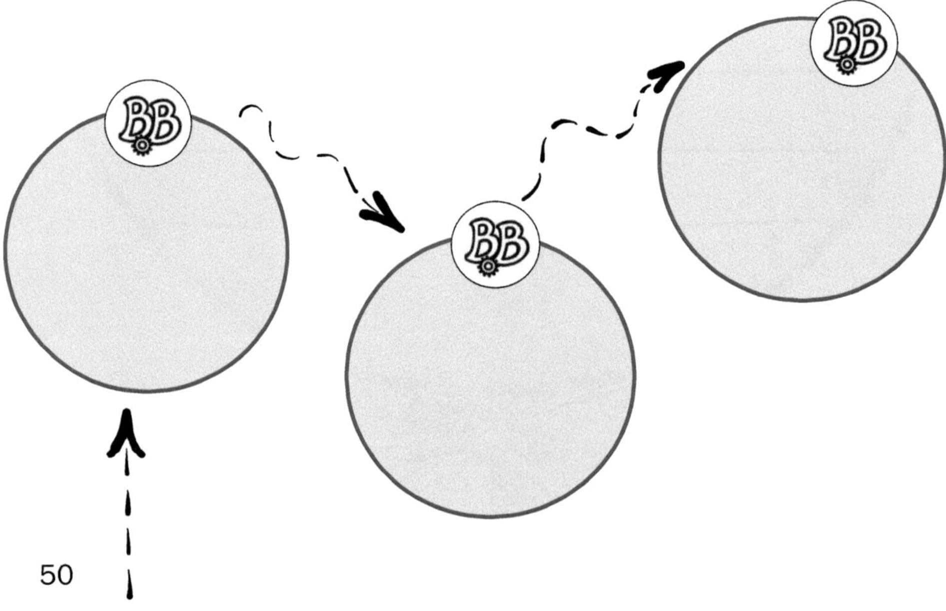

Klebe hier ein Foto von Bertha ein. Das findest du z.B. im Internet.

Bertha lebte in einer Zeit, als Frauen nur Kleider oder Röcke tragen durften. Male das Bild entsprechend aus.

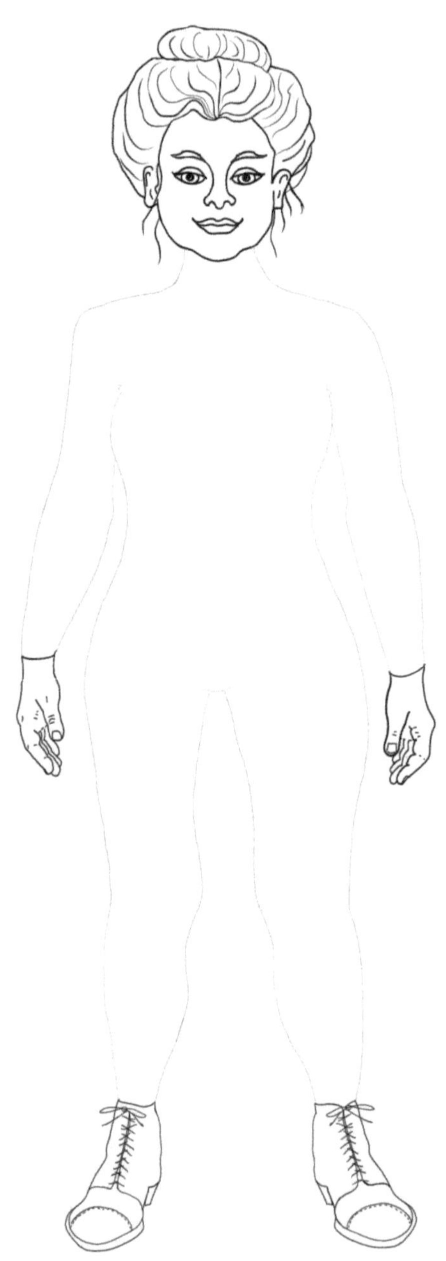

Zeichne hier deine Idee, wie sich Bertha heute anziehen würde. Was würde sie da wohl gerade tun?

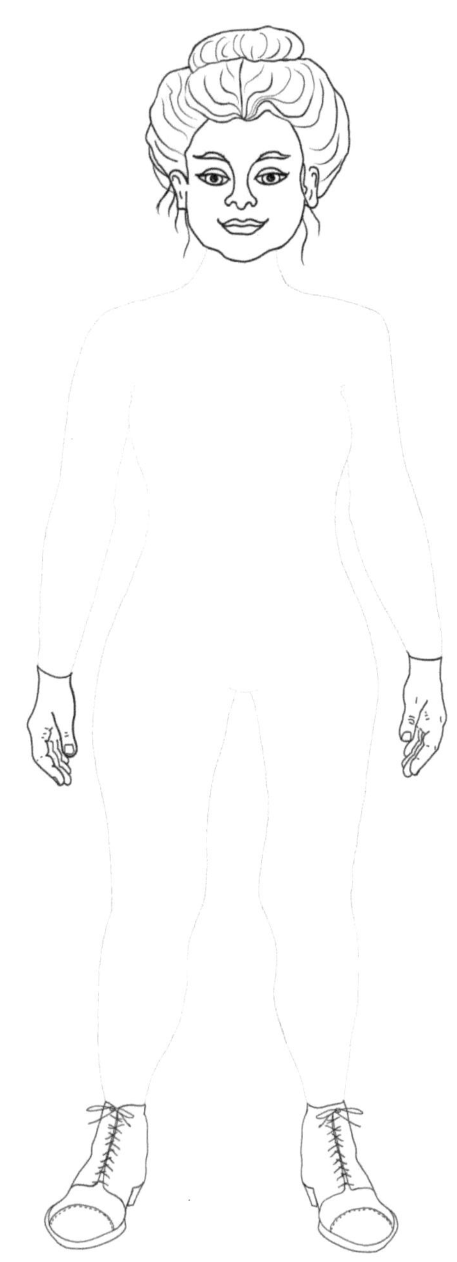

Worüber Bertha wohl nachdenkt, wenn sie so auf der Bank sitzt? Male aus und schreibe oder zeichne in die große Gedankenblase.

Mit Autos hatte Archimedes nichts zu tun. Aber mit Bertha und Carl verbindet ihn eine wichtige Gemeinsamkeit: Sie alle waren neugierige Menschen, die viele Fragen hatten.

Archimedes war ein Mathematiker und eines Tages stellte ihm ein König eine Frage. Er wollte wissen: „Ist meine Krone aus Gold oder nicht?". Nicht einmal Archimedes wusste die Antwort, obwohl er sehr klug war. Man erzählt sich, dass er grübelte und grübelte – und in der Badewanne die entscheidende Idee hatte. Als er nämlich ein Bad nahm, schwappte Wasser über den Rand. Und zwar genau so viel, wie sein Körper verdrängte. Da man wusste, welche Größe ein Klumpen Gold mit einem bestimmten Gewicht hatte, konnte man nun die Krone ins Wasser werfen. Das verdrängte Wasser messen. Dann musste man nur noch das Gewicht wiegen. Und schon wusste man: Gold oder nicht Gold. Archimedes soll vor Freude über seinen Einfall nackig durch die Straßen seiner Heimatstadt gerannt sein und gerufen haben: „HEUREKA!"

Das ist Griechisch, denn Archimedes lebte im antiken Griechenland. Und es bedeutet: Ich hab's gefunden.

εὕρηκα

Um ehrlich zu sein: Ganz sicher war die Geschichte nicht genau so. Aber sie ist einfach so schön – und leichter zu verstehen als die echte Sache mit Schiff, Auftriebsgesetz und Archimedischem Prinzip. Wenn du aber ganz neugierig bist und dir jemand die deutsche Übersetzung vorliest, dann schaue dir hier die wahre Geschichte an:

www.ted.com/talks/armand_d_angour_the_real_story_behind_archimedes_eureka/transcript?language=de

Heute sind wir am Ende des Zeitalters der Automobile, wie Bertha und Carl sie entwickelten. Denn: Autos, die mit Benzin oder Diesel fahren, belasten die Umwelt. Und sie tragen dadurch zum Klimawandel bei.

Bertha war eine kluge Frau. Wie würde sie auf diese Herausforderung reagieren? Umrahme deine Auswahl mit der Farbe grün! Und was würdest du tun, um bei der Verkehrswende zu helfen? Male die passenden Bilder bunt an!

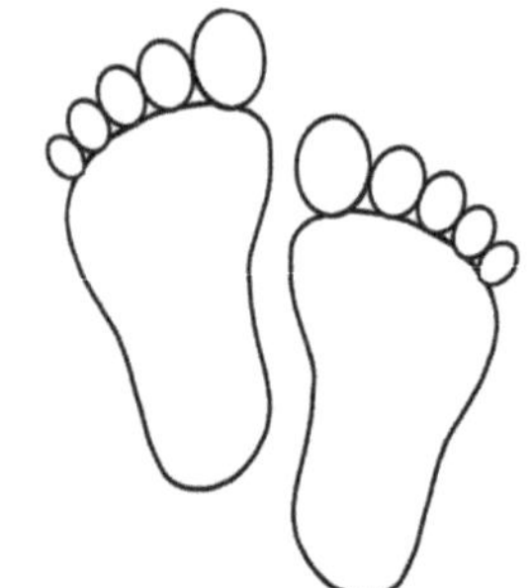

Bertha würde zu Fuß gehen.

Bertha würde am Car Sharing teilnehmen.

Bertha würde das
Fahrrad benutzen.

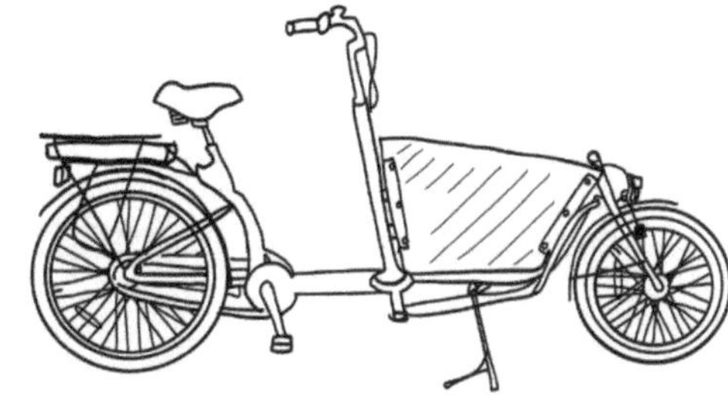

Bertha würde ein
Lastenfahrrad anschaffen.

Bertha würde eine
Mitfahrgelegenheit nutzen.

Bertha würde ein
E-Auto fahren.

Bertha würde Zug, Bus
oder Schiff fahren.

Bertha würde ein neues
Fortbewegungsmittel erfinden.

Zeichne dein Traumauto der Zukunft. Oder erfinde sogar ein anderes Fortbewegungsmittel.

Schreibe hier einen kurzen Steckbrief:

Wie bewegt es sich fort?

Welche spezielle Ausstattung hat es?

Wie viele Personen können mitfahren?

Welche Farbe hat es?

Und hier ist Platz für deine Zeichnung.

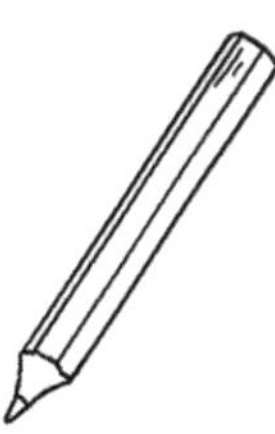

Schreibe einen Brief an Bertha, in dem du ihr erzählst, wie sehr sich Autos seit ihrer Erfindung entwickelt haben. Suche dafür im Internet nach einem aktuellen Auto deiner Wahl. Welche Dinge würden sie wohl überraschen? Welche Dinge fände sie gut, welche nicht?

Schuhe statt Autos?

Stell dir vor, Carl Benz hätte damals mit seiner Schuhmaschine den großen Wurf gelandet. Was wäre dann wohl passiert? Schreibe/zeichne deine Ideen auf.

Noch nicht genug?

Wenn du noch mehr über Bertha Benz wissen möchtest, hier einige Empfehlungen:

Über Berthas Leben erzählen die Internetseite: www.fembio.org/biographie.php/frau/biographie/bertha-benz und das (Erwachsenen-) Buch „Bertha Benz. Eine starke Frau am Steuer des ersten Automobils" von Barbara Leisner.

Englisch lernen mit Bertha: Das geht mit „Bertha takes a drive". Darin wird die Geschichte der ersten Fernfahrt erzählt. Ab dem dritten Lernjahr.

Wenn du einen Film sehen möchtest, der an Bertha erinnert, dann schaue: Carl & Bertha (ARD).

Im Mercedes-Benz-Museum in Stuttgart wird auch von Bertha erzählt. Außerdem kannst du dort einen Benz Patent-Motorwagen anschauen und dir vorstellen, dass Bertha auf der Sitzbank das Auto gelenkt hat.

Und auch das Ladenburger Automobilmuseum Dr. Carl Benz zeigt viel über Bertha Benz.

Eine Mannheimer Gästeführerin bietet Kostüm-Führungen über Bertha Benz an.

Drei starke Frauen hinter diesem Buch

Heike ist Historikerin, Lektorin und Autorin. An Bertha mag sie die resolute Art und die Entschlossenheit. Ihren eigenen fünf Kindern wünscht sie eine Zukunft, in der alles möglich ist.

Julia ist Lehrerin für Geschichte, Englisch und Ethik. Starke Frauen waren ihr schon immer ein Vorbild. An Bertha bewundert sie ihren Erfindungsgeist und ihre Zielstrebigkeit.

Anika ist Modedesignerin, Schneiderin, Autorin und weitgereiste Mama von vier Kindern. Von starken Frauen lässt sie sich gern inspirieren. Wie von Bertha, deren Kreativität sie besonders beeindruckt.

Es gab eine Frau, die hat ihr Leben lang für die Gerechtigkeit gekämpft: Ruth Bader Ginsburg (1933–2020).

Sie war Professorin, Anwältin und schließlich Richterin am obersten Gericht der USA. Doch weil sie eine Frau war, hat man sie oft unterschätzt.

- Wofür hat sich Ruth Bader Ginsburg eingesetzt?
- Welche Hindernisse musste sie überwinden?
- Wie konnte sie die Menschen überzeugen?
- Was waren ihre Träume?

In diesem spannenden Buch findet ihr die Antworten, auch auf viele weitere Fragen. In leicht lesbarer Druckschrift. Als Schullektüre und für die Schulbibliothek geeignet. Mit Kreativ-Seiten zur eigenen Gestaltung.

KINDERBUCHREIHE_STARKEFRAUEN

StarkeFrauen-Buch.de

FÜR KLEINE LEUTE MIT GROSSEN IDEEN.

edition riedenburg

Es gibt eine Frau, die wurde oft die mächtigste Frau der Welt genannt: Angela Merkel (*1954).

Sie war 16 Jahre Bundeskanzlerin und sagte: „Wir schaffen das!" Lasst uns einen Blick hinter die Kulissen der Weltpolitik wagen:

- Wie schaffte es Angela Merkel ganz nach oben?
- Wodurch hielt sie sich so lange an der Spitze?
- Wie hat sie die deutsche Politik verändert?
- Was sind ihre Träume für die Zukunft?

In diesem spannenden Buch findet ihr die Antworten, auch auf viele weitere Fragen. Jeder Titel aus der Reihe „Starke Frauen" bietet euch gut verständliche Texte, inspirierende Bilder und knifflige Fragen zum Weiterdenken.

KINDERBUCHREIHE_STARKEFRAUEN

StarkeFrauen-Buch.de

FÜR KLEINE LEUTE MIT GROSSEN IDEEN.

„Mama Miti" – Mutter der Bäume – ist der Name für eine Frau, die Unglaubliches geschafft hat: Wangari Maathai (1940–2011).

Sie war die erste Nobelpreisträgerin aus Afrika. Wangari Maathai hat nicht nur Millionen Bäume gepflanzt, sondern auch Frauen auf der ganzen Welt ermutigt.

- Wer hat an sie geglaubt?
- Welche Steine lagen auf ihrem Weg?
- Welche Botschaft hat sie für uns alle?

In diesem spannenden Buch findet ihr die Antworten, auch auf viele weitere Fragen. In leicht lesbarer Druckschrift. Als Schullektüre und für die Schulbibliothek geeignet. Mit Kreativ-Seiten zur eigenen Gestaltung, auch zum Thema Umweltschutz und Klimaschutz.

KINDERBUCHREIHE_STARKEFRAUEN

StarkeFrauen-Buch.de

FÜR KLEINE LEUTE MIT GROSSEN IDEEN.

Mit diesem Buch feiern wir 400 Jahre Paris Lodron Universität Salzburg und laden alle Kinder dazu ein, das Leben an der Uni zu entdecken.

Marie, acht Jahre, sommersprossig und wissbegierig, kennt den besten Ort der Welt, um Antworten auf (fast) alle ihre Fragen zu finden: die Universität. Das Salzburger Uni-Abenteuer führt Marie zu einer großen Bibliothek, zwei Ausblicken, drei Forschungszentren, vier Leckereien, fünf Standorten, sechs Fakultäten, sieben Denkmälern, einer merkwürdigen Acht, neun neuen Wörtern und mehr als zehn klugen Studierenden.

- Was hat Universität mit Universum zu tun?
- Warum ist Fragen das Wichtigste?
- Welche berühmte Frau ist mit Marie verwandt?

Findet es gemeinsam mit Marie heraus!

StarkeFrauen-Buch.de

FÜR KLEINE LEUTE MIT GROSSEN IDEEN.

SOWAS-Buch.de

Hilfe zur Selbsthilfe seit 2008.

Ist Achtsamkeit für dich noch ein Fremdwort und willst du deine Sinne schärfen? Stehst du unter Stress und kommst du dadurch in unangenehme Situationen? Möchtest du deine Gefühle besser verstehen und steuern? Vielleicht hast du bereits einige Dinge ausprobiert, doch das Richtige war noch nicht dabei. Wenn du für einen neuen Weg bereit bist, lies dieses Handbuch. Es führt dich im Express-Modus durch das bewährte Skillstraining. So wirst du rasch ans Ziel kommen und nebenbei deinen Selbstwert magisch steigern. Lerne, Schattierungen des Lebens zu erkennen und zu akzeptieren. Schreibe deine eigenen Ideen und Beobachtungen direkt ins Handbuch!

Skillstraining EXPRESS:
Mit den besten Skillsübungen rasch zum Erfolg

140 Seiten; zahlreiche s/w-Illustrationen sowie interaktive Seiten zum Reinschreiben

Ziele benötigen Begeisterung und hartnäckiges Dranbleiben. Auch wenn es manchmal so aussieht, als ob der Weg voller Hindernisse ist. Sei zuversichtlich und vertraue auf deine in dir liegenden Fähigkeiten!